Alessandra Stumpf

Wie ein Brausen – Den Heiligen Geist erleben

Ein kleines Booklet zu Pfingsten

FSC
www.fsc.org
MIX
Papier aus verantwortungsvollen Quellen
Paper from responsible sources
FSC® C105338

Impressum

Titel:
Wie ein Brausen – Den Heiligen Geist erleben
Ein geistliches Booklet zu Pfingsten
Autorin:
Alessandra Stumpf
Adresse über BoD
Verlag:
BoD · Books on Demand GmbH,
Überseering 33, 22297 Hamburg, bod@bod.de
Druck:
Libri Plureos GmbH, Friedensallee 273, 22763 Hamburg
Umschlaggestaltung & Innenillustrationen:
Mit freundlicher Unterstützung von KI-generierten Bildvorlagen
auf Basis theologischer und geistlicher Vorgaben
Satz & Gestaltung:
Die Autorin
Bibelzitate:
Elberfelder Bibel, Edition CSV Hückeswagen
(© CSV-Verlag,Verwendung mit freundlicher Genehmigung)
Hinweis:
Dieses Werk wurde mit viel Liebe zum Wort Gottes erstellt.
Die Texte und Impulse sollen zur persönlichen Auseinandersetzung mit der Bibel und dem Wirken des Heiligen Geistes anregen.

Erstveröffentlichung:
Mai 2025
ISBN:
978-3-8192-9879-0

Wenn der Himmel atmet

Es gibt Momente, in denen alles anders ist.
Nicht lauter, nicht heller.
Aber echter – tiefer und näher.

Ein Klang, der dich trifft, obwohl du nichts hörst.
Ein Ziehen, das dich aufrichtet, obwohl du müde bist.
Ein Hauch, der dich durchweht,
als hätte der Himmel selbst einmal eingeatmet – und dich mitgenommen.

Vielleicht ist genau jetzt so ein Moment.
Nicht, weil du alles verstehst.
Sondern, weil du bereit bist, dich berühren zu lassen.

Dieses Booklet lädt dich nicht zu Wissen ein,
sondern zu *Begegnung*.
Nicht zu Theorie, sondern zu *Staunen*.
Nicht zu Leistung, sondern zu *Beziehung*.

Bevor du weiterliest:
Lehn dich zurück.
Hör auf dein Herz.
Und wenn du magst –
lass dich von einem Lied tragen,
das schon viele Herzen geöffnet hat:

„Wie ein Brausen des Himmels“

interpretiert von:

Outbreakband; Albert Frey; Anja Lehmann; Feiert Jesus! Worship; u. v. m.

Danke an alle Künstler, die dieses Lied immer wieder neu für uns singen – als Gebet, als Ruf, als Tor zur Gegenwart Gottes.

Dieses Booklet wurde inspiriert vom Lied ‚Wie ein Brausen des Himmels‘ – bitte höre oder singe es gemeinsam mit deiner Gruppe. Der vollständige Text darf aus rechtlichen Gründen nicht abgedruckt werden.

Kapitel 1:

„Wer ist dieser Geist eigentlich?“

Oder auch:

„Darf ich vorstellen... Heiliger Geist. Gott.

Ja, wirklich!“

Also mal ganz ehrlich:
Wenn wir von Gott reden, haben viele irgendwie ein Bild im Kopf.
Ein väterlicher Typ mit Bart? Klar.
Jesus? Auch klar. Er war ja bei uns auf der Erde.

Der mit dem Fisch und dem Kreuz.

Aber Heiliger Geist?
... Da wird’s plötzlich *windig (?).*
Unsichtbar, fließend, feurig, kraftvoll, irgendwie schwer greifbar –
und doch der **gleiche Gott** wie Vater und Sohn.

Echt jetzt?
Ja. Wirklich.

Der Heilige Geist ist kein Nebendarsteller.

Er ist **Gott selbst**.
Nicht „nur“ eine Kraft.

Nicht irgendein göttlicher Funke oder so ein spiritueller Windstoß.
Er ist **Person**. Er hat einen Willen.
Er liebt.
Er spricht.
Und manchmal flüstert er Dinge in unser Herz, die uns den Atem stocken lassen.

Er war **bei der Schöpfung** dabei.
Er war **in den Propheten**, **in Jesus** und ist – wenn du willst – **auch in dir**.

Die Dreieinigkeit – ohne Dreiknoten im Hirn

Du hast's bestimmt schon mal gehört:
Gott ist einer – in drei Personen.

Vater

Sohn

Heiliger Geist

Und du denkst vielleicht:
„Wie soll das denn bitte gehen?“

Willkommen im Club.
Aber weißt du was?
Wenn Gott komplett erklärbar wäre,
dann wäre er ziemlich... klein.

Die Dreieinigkeit ist keine Matheformel.
Sie ist Beziehung pur.
Gott ist nicht allein.
Er ist in sich selbst schon **Liebe**, **Bewegung**, **Beziehung** –
und der Heilige Geist ist mittendrin.
Oder besser gesagt: **der, der mitten in uns sein will.**

Was bedeutet eigentlich „Geist"?

Im Hebräischen heißt er **„Ruach"** – das bedeutet Wind, Atem, Hauch.
Im Griechischen: **„Pneuma"** – Luft, Bewegung, Leben.

Das heißt:
Wo der Geist ist, da passiert was.
Da wird Leben eingehaucht.
Da kommt Wahrheit ans Licht.
Da wird Tote Hoffnung wieder lebendig.

Und das Krasse:
Der Heilige Geist ist **nicht weit weg**.
Sondern **der nächste**, der dir je begegnet ist.
Wenn du willst.

Kurzer Zwischenruf

Was denkst du eigentlich gerade über den Heiligen Geist?

✎ Schreib hier drei Gedanken auf – ehrlich und ohne Filter:

1.
2.
3.

Bonusfrage für Mutige:

Wenn der Heilige Geist jetzt direkt neben dir sitzen würde – was würdest du ihn fragen?

Kapitel 2:

„Was man über den Heiligen Geist so wissen sollte…“

Oder auch:

„Nicht greifbar – aber voll präsent.“

Wenn du dachtest, der Heilige Geist ist schwer einzuordnen – du bist nicht allein.
Deshalb hier ein kleiner Steckbrief.

Kein Personalausweis, aber fast.

Wer ist er?

Der Heilige Geist ist Gott selbst.
Nicht weniger als der Vater.
Nicht weniger als Jesus.
Sondern **eins mit ihnen – und doch ganz eigen.**

Dreieinigkeit kurz erklärt
(noch mal zum Mitschreiben):

> ***Der Vater*** *liebt dich.*
> ***Der Sohn*** *rettet dich.*
> ***Der Geist*** *lebt in dir.*

Die Namen und Bilder des Heiligen Geistes

Bild / Name	**Bibelstelle (Elberfelder)**	🗝 **Bedeutung**
Wind / Hauch (Ruach)	1. Mose 1,2 → *„...und der Geist Gottes schwebte über dem Wasser."*	Bewegung, Leben, unsichtbare Kraft
Feuer	Apostelgeschichte 2,3 → *„...Zungen wie von Feuer..."*	Reinigt, entzündet, begeistert
Taube	Matthäus 3,16 → *„...und er sah den Geist Gottes wie eine Taube herabfahren..."*	Sanft, friedlich, klar
Wasser / Strom	Johannes 7,38–39 → *„...Ströme lebendigen Wassers werden aus seinem Innern fließen..."*	Erfrischung, neues Leben
Siegel	Epheser 1,13 → *„...versiegelt worden mit dem Heiligen Geist der Verheißung..."*	Schutz, Identität, du gehörst zu Gott

Bild / Name	**Bibelstelle (Elberfelder)**	🗝 **Bedeutung**
Tröster / Beistand	Johannes 14,26 → *„…der Beistand, der Heilige Geist… wird euch alles lehren…“*	Helfer, Lehrer, Begleiter
Geist der Wahrheit	Johannes 16,13 → *„…er wird euch in die ganze Wahrheit leiten…“*	Erkenntnis, Klarheit, Wegweisung

Was bedeutet das alles?

🔥 **Feuer** bringt dich zum Brennen.
💨 **Wind** bewegt, auch wenn du ihn nicht siehst.
🕊 **Taube** bringt Frieden, wenn alles in dir schreit.
💧 **Wasser** stillt den Durst, den nichts anderes stillen kann.
📜 **Siegel** sagt: Du bist sicher.
🧠 **Lehrer** erklärt dir, was du nicht verstehen kannst.
❤ **Tröster** bleibt, wenn andere gehen.

🖊 **Reflexion**

Welches dieser Bilder spricht dich am meisten an? Warum?

____

____

____

Und welches fällt dir schwer zu glauben?

____

____

____

Kurz gesagt:

Der Heilige Geist ist **nicht undefinierbare Energie**,
sondern ein lebendiger, heiliger, liebevoller Gott.
Der dich kennt.
Und bei dir sein will.
Nicht nur an Pfingsten.
Sondern jetzt.
Heute.
Immer.

Kapitel 3:

„Und dann kam er wirklich…“

Oder:

„Das mit dem Brausen war kein schöner Vergleich – es war Realität.“

Apostelgeschichte 2,1–4 (Elberfelder Bibel)

Und als der Tag des Pfingstfestes erfüllt war,
waren sie alle an einem Ort beisammen.

Und plötzlich geschah aus dem Himmel ein Brausen
wie von einem daherfahrenden gewaltigen Wind,
und er erfüllte das ganze Haus, wo sie saßen.

Und es erschienen ihnen zerteilte Zungen wie von Feuer,
und sie setzten sich auf jeden einzelnen von ihnen.

Und sie wurden alle mit Heiligem Geist erfüllt
und fingen an, in anderen Sprachen zu reden,
wie der Geist ihnen gab auszusprechen.

Was ist da bitte passiert?

1. Alle. Zusammen. Warten.

„Sie waren alle an einem Ort beisammen."

Die Jünger waren gerade in einer Art Warte-Modus.
Jesus war in den Himmel aufgefahren.
Und hatte gesagt: „Wartet. Es kommt noch was."
Also: Keine Aktivität. Keine Strategie. Nur: *Warten auf Gott.*

Wie oft versuchst du, alles selbst zu lösen – anstatt zu warten, dass Gott handelt?

2. „Plötzlich" – Gott hält sich nicht an Zeitpläne

„Und plötzlich geschah..."

Kein Countdown. Kein Hinweis. Kein sanftes Intro.
Gott kommt, **wenn er kommt** – und meistens plötzlich.

Das zeigt uns:

> *Der Heilige Geist ist nicht berechenbar.*
>
> *Aber er ist vertrauenswürdig.*
>
> *Und: Er kommt **nicht**, weil du perfekt bist – sondern weil Gott es beschlossen hat.*

3. Ein Brausen wie Wind – und alle spüren es

„Ein Brausen wie von einem gewaltigen Wind."

Das ist **nicht poetisch gemeint**.
Das war ein physisch erlebbares, echtes Ereignis.
Gottes Geist **bewegte die Luft**.
Und alle wussten: Das hier ist **nicht normal**.

Frage an dich:
Hast du schon mal gespürt, dass Gott da ist – obwohl niemand etwas gesagt hat?

4. Feuerzungen – und jeder ist gemeint

„Und es erschienen ihnen zerteilte Zungen wie von Feuer."

Feuer steht für Reinigung, Leidenschaft, Heiligkeit.
Und: Jeder bekam **eine eigene Flamme**.
Nicht nur Petrus. Oder Johannes. Sondern **jeder.**

Der Heilige Geist ist kein VIP-Bonus.
Er ist für alle, die ihn empfangen wollen.

5. Sie wurden alle erfüllt – ALLE.

„Und sie wurden alle mit Heiligem Geist erfüllt...“

Da steht nicht:

- *„...die besonders geistlichen“*,
- *„...die schon vorher alles verstanden hatten“* oder
- *„...die Apostel, nicht die anderen.“*

Sondern: **ALLE.**
Und genau das ist die Message:

Du bist nicht zu jung.
Nicht zu alt.
Nicht zu neu im Glauben.

Wenn du willst – wird er dich füllen.

6. Sie sprachen in anderen Sprachen

„...wie der Geist ihnen gab auszusprechen.“

Das war nicht creepy.
Es war **Verständigung**.
Die Menschen draußen **verstanden** plötzlich das Evangelium in ihrer eigenen Sprache.

Das war keine Show –
das war **Gottes Herzschlag für die Welt.**

Anwendung: Was bedeutet das für uns heute?

> ***Der Heilige Geist kommt, wenn wir Raum lassen.***
>
> ***Er macht nicht nur warm ums Herz – er macht mutig.***
>
> ***Er schenkt dir Worte, wo dir sonst die Stimme fehlt.***
>
> ***Er ist für jeden da – auch für dich. Jetzt.***

Kurzer Impuls:

Wo brauchst du gerade den Heiligen Geist?

Zum Reden?
Zum Verstehen?
Zum Aushalten?
Zum Trösten?

🖊 Schreib es auf – oder bete es leise.

Kapitel 4:

„Er war schon immer da!“

Oder auch:

„Holy Spirit im Alten und Neuen Testament – kein One-Hit-Wonder.“

Der Heilige Geist kam **nicht erst mit Pfingsten** auf die Bühne.

Er war schon **bei der Erschaffung der Welt dabei**, sprach durch **Propheten**,
erfüllte **Könige**, **Handwerker**, **Helden** und **ganz normale Menschen**.

Pfingsten war nicht **sein erster Auftritt** –
es war eher sein **offizielles Großevent**.

Der Heilige Geist im Alten Testament

Bibelstelle	**Ereignis**	**Bedeutung**
1. Mose 1,2	*„...und der Geist Gottes schwebte über dem Wasser."*	Der Heilige Geist ist **von Anfang an** da – als kreative, ordnende Kraft bei der Schöpfung.
2. Mose 31,3	*„Und ich habe ihn erfüllt mit dem Geist Gottes, mit Weisheit und Verstand..."*	Bezalel, ein Künstler, bekommt den Geist für **Kreativität & Handwerk**. Gott gibt Gaben für Berufung.
Richter 6,34	*„Da kam der Geist des HERRN über Gideon..."*	Der Geist macht aus einem ängstlichen Niemand einen mutigen Kämpfer. Gottes Geist gibt **Kraft & Mut**.
Jesaja 11,2	*„Und auf ihm wird ruhen der Geist des HERRN..."*	Eine Prophezeiung auf den kommenden Messias – **der Geist als ständiger Begleiter Jesu.**

Bibelstelle 🕊	Ereignis	Bedeutung
Hesekiel 36,27	*„Und ich werde meinen Geist in euer Inneres geben…“*	Eine Verheißung: Der Geist wird **nicht nur auf euch sein, sondern in euch wohnen.**

Was heißt das für uns?

Der Heilige Geist war nie limitiert.
Aber im AT wirkte er **punktuell, gezielt, für bestimmte Aufgaben.**
Er kam auf **Könige**, **Propheten**, **Bauleute** oder **Richter** – und oft **verließ** er sie wieder *(siehe z. B. Saul in 1. Samuel 16,14)*.

Im Alten Testament:
Der Heilige Geist kam **auf** Menschen.

Nach Pfingsten:
Der Heilige Geist wohnt **in** Menschen.

Und das ist ein gigantischer Unterschied.
Weil es **nicht mehr um Berufung Einzelner geht**, sondern um **Gemeinschaft mit Gott für jeden.**

Der Heilige Geist im Neuen Testament (vor Pfingsten)

Bibelstelle 🕊	**Ereignis**	**Bedeutung**
Lukas 1,35	*„Der Heilige Geist wird über dich kommen…“*	Maria empfängt durch den Heiligen Geist Jesus. Das Leben Jesu beginnt durch **Gottes Geistkraft.**
Lukas 3,22	*„…und der Heilige Geist stieg in leiblicher Gestalt wie eine Taube auf ihn herab…“*	Bei Jesu Taufe – der Geist **ruht** auf ihm. Zeichen göttlicher Bestätigung und Vollmacht.
Lukas 4,1	*„Jesus aber, voll Heiligen Geistes, kehrte vom Jordan zurück…“*	Jesus wird **vom Geist geführt** – sogar in die Wüste. Auch Prüfungen gehören zum Weg.

Bibelstelle 🕊️	Ereignis	Bedeutung
Johannes 20,22	*„Empfangt Heiligen Geist!"*	Jesus haucht den Jüngern **vor Pfingsten** schon den Geist zu – wie ein Vorgeschmack auf das, was kommt.

Fazit:

Der Heilige Geist war **immer aktiv**, aber sein Wirken hat sich mit Pfingsten **verändert**:

Früher	Heute
Auf Menschen	In Menschen
Für Aufgaben	Für Beziehung
Für einzelne	Für alle Gläubigen
Kommt & geht	Bleibt & wohnt

✐ **Reflexionsfragen für dich oder die Gruppe:**

1. In welcher der oben genannten Bibelstellen erkennst du dich wieder?

2. Wie würdest du beschreiben, wo der Heilige Geist in deinem Leben schon gewirkt hat – auch wenn du es vielleicht nicht sofort erkannt hast?

יחרד בבזיעי אחגיב בבאה
ענעע נאוון ככבסישמאם
ואשר הבבר ונא חבר זוזון
הבר ביטיבר יעיר נא ועיר
יהה הל בינת עשחן לזאחר
יגה הה יעש נזרם רל הבה
נכוית ונשם ופה כב ופתת

Kapitel 5:

„Der Heilige Geist in mir"

Oder:

„Und was bringt mir das jetzt ganz praktisch?"

Okay.
Du hast gehört, **wer der Heilige Geist ist**.
Was er im Alten und Neuen Testament getan hat.
Wie er zu Pfingsten kam wie ein göttlicher Sturm.
Aber jetzt mal ehrlich:

Was bedeutet das alles für mich?

1. Der Heilige Geist zieht bei dir ein.

„Oder wisst ihr nicht, dass euer Leib ein Tempel des Heiligen Geistes ist, der in euch ist...?"
– 1. Korinther 6,19 (Elberfelder)

Der Geist Gottes wohnt **nicht mehr in einem Tempel aus Stein**.
Er wohnt jetzt **in dir**.
Nicht wie ein Gast, der irgendwann wieder geht.
Sondern wie ein Mitbewohner – okay, **der beste Mitbewohner, den du je haben wirst.**

2. Er zeigt dir, was wahr ist.

„Wenn aber jener kommt, der Geist der Wahrheit, wird er euch in die ganze Wahrheit leiten…“
– Johannes 16,13 (Elberfelder)

Du hast Zweifel? Fragen? Innere Unruhe?
Der Heilige Geist ist **kein Nebel**, sondern **Klarheit**.
Er zeigt dir, was echt ist.
Was gut ist.
Was göttlich ist – und was nicht.

3. Er verändert dein Herz.

„Die Frucht des Geistes aber ist: Liebe, Freude, Friede, Langmut, Freundlichkeit, Güte, Treue, Sanftmut, Enthaltsamkeit.“
– Galater 5,22–23 (Elberfelder)

Du wirst **nicht sofort perfekt**.
Aber du wirst **fruchtbar** – im Herzen.
Der Geist verändert **nicht deine Persönlichkeit**,
aber **deine Reaktionen**.
Er schenkt dir Frieden, wenn du ausrasten könntest.
Geduld, wenn du innerlich kochst.
Freude, wenn du im Tal stehst.

4. Er hilft dir beim Beten.

„Der Geist selbst verwendet sich für uns in unaussprechlichen Seufzern."
– Römer 8,26 (Elberfelder)

Kennst du diese Gebete, wo du nur noch sagen kannst:
„Gott, ich weiß echt nicht weiter..."
Der Heilige Geist **übersetzt dein Herz**.
Er bringt das vor Gott, wofür dir die Worte fehlen.
Und das ist wunderschön.

5. Er gibt dir Gaben.

„Jedem aber wird die Offenbarung des Geistes zum Nutzen gegeben."
– 1. Korinther 12,7 (Elberfelder)

Nicht jeder bekommt die gleiche Gabe –
aber **jeder bekommt etwas**.

Mögliche Geistesgaben:

- *Weisheit*
- *Glauben*
- *Heilung*
- *Prophetie*
- *Sprachenrede*

- *Erkenntnis*
- *Unterscheidung*
- *...und mehr*

Der Heilige Geist ist nicht nur **Beistand**, sondern auch **Ausrüster**.

6. Er führt dich.

„Denn alle, die durch den Geist Gottes geleitet werden, die sind Söhne Gottes."
– Römer 8,14 (Elberfelder)

Er sagt dir vielleicht nicht, was du morgen anziehen sollst...
Aber er zeigt dir Wege.
Er warnt dich.
Er flüstert manchmal genau im richtigen Moment:

„Geh!" oder „Bleib!" oder „Lass das lieber."

Und du wirst lernen, seine Stimme zu erkennen.

✨ **Fazit:**

Der Heilige Geist ist **kein religiöses Add-on.**
Er ist **das Leben Gottes in dir.**

Er ist Kraft.
Er ist Trost.
Er ist Leitung.

Und er ist **immer da.**

Kleine Selbstreflexion:

1. Welche Aufgabe des Heiligen Geistes berührt dich gerade am meisten?

2. Wo brauchst du sein Wirken in deinem Alltag?

3. Hast du ihn schon mal eingeladen, **ganz bewusst**?

✏ Schreib es auf.
Oder sag einfach leise: *„Komm, Heiliger Geist.“*

Kapitel 6:

„Wie empfängt man den Heiligen Geist?"

Oder auch:

„Und wie geht das jetzt – ganz praktisch?"

Manche denken, man muss dafür superheilig sein.
Oder stundenlang fasten.
Oder eine besondere Salbung erleben.

Aber die Wahrheit ist viel einfacher.
Und viel schöner.

Du musst nicht leisten – du darfst empfangen.

1. Der Heilige Geist ist ein Geschenk

„Denn die Gabe des Heiligen Geistes wird euch zuteil werden."
– Apostelgeschichte 2,38

Nicht verdient.
Nicht erarbeitet.
Nicht durch gutes Benehmen.
Sondern: **Gabe. Geschenk. Zusage.**

Du darfst empfangen, weil Gott gerne gibt.
Weil Jesus selbst gesagt hat:

„Wie viel mehr wird der Vater im Himmel den Heiligen Geist geben denen, die ihn bitten!“
– Lukas 11,13

2. Es beginnt mit Glaube – und mit einem offenen Herz

„…empfangt den Heiligen Geist.“
– Johannes 20,22

Jesus sagt das zu seinen Jüngern **nach der Auferstehung.**
Sie hatten Angst.
Sie waren verwirrt.
Und trotzdem: Er haucht sie an – **und sie empfangen.**

Du musst nicht alles verstanden haben.
Du musst nur sagen:

„Ja, Jesus. Ich glaube dir. Ich will deinen Geist.“

3. Der Heilige Geist folgt auf Umkehr und Taufe

„Tut Buße, und jeder von euch lasse sich taufen… und ihr werdet die Gabe des Heiligen Geistes empfangen.“
– Apostelgeschichte 2,38

Buße heißt: **Sich umdrehen. Zu Gott zurück.**
Taufe ist das äußere Zeichen.
Der Heilige Geist ist das innere Geschenk.
Viele erleben seine Kraft **nach der Taufe** – andere schon vorher.

Gott ist frei – er wirkt, **wie und wann er will**.
Aber er kommt immer, wenn du ihn **aufrichtig einlädst.**

4. Manchmal geschieht es still – manchmal spürbar

„Während Petrus noch diese Worte redete, fiel der Heilige Geist auf alle..."
– Apostelgeschichte 10,44

Plötzlich. Ohne Ankündigung.
Aber mit Wirkung.

- *Manche spüren Wärme.*
- *Andere bekommen Frieden.*
- *Manche erleben ein Reden in Sprachen.*
- *Und andere – einfach nur Stille, aber ein Herz, das brennt.*

Es gibt **keinen festen Ablauf.**
Aber es gibt **eine Verheißung**:

„Ihr werdet empfangen."

5. Einladung an dich

Wenn du das möchtest, dann kannst du es **jetzt tun.** Einfach dort, wo du bist. Sag es mit deinen Worten.
Oder bete ganz schlicht:

Gebet zur Einladung des Heiligen Geistes:

***„Jesus, ich danke dir, dass du mich liebst.*
Ich glaube, dass du für mich gestorben und auferstanden bist.
Ich will dir mein Leben geben.
Bitte vergib mir.
Ich kehre um – und ich komme zu dir.

Und jetzt bitte ich dich:
Füll mich mit deinem Heiligen Geist.
Komm, Heiliger Geist.
Erfülle mich mit deiner Kraft, deiner Liebe, deinem Frieden.
*Ich will dir gehören – ganz.“***

Du kannst auch dein eigenes Gebet schreiben:

Fazit:

Der Heilige Geist kommt ***nicht durch Leistung,***
sondern durch ***Einladung***.

Nicht durch Druck,
sondern durch ***Vertrauen***.

Nicht durch Show,
sondern durch ***Liebe***.

Kapitel 7:

BONUSSEITEN – FÜR DIE NÄCHSTEN TAGE

Oder auch:

„Der Geist bleibt – und er weist auf Jesus"

Der Heilige Geist ist gekommen, um zu bleiben.
Nicht als Gefühl. Nicht als Konzept.

Sondern als **Person Gottes – in dir.**
Und er tut, was er immer tut:

Er führt dich zum Sohn.
Er richtet deinen Blick auf Jesus.
Er verändert dich, damit du Frucht für sein Reich bringst.

Diese 5 Impulse wollen dich in den nächsten Tagen begleiten.
Nimm sie als Gespräch mit dem Geist –
und als Einladung, tiefer auf Jesus zu schauen.

Tag 1 – Die Liebe, die durch Christus zu uns kommt

Römer 5,5:
„…denn die Liebe Gottes ist ausgegossen in unsere Herzen durch den Heiligen Geist, der uns gegeben worden ist."

🌀 **Frage:**
Wo darf der Heilige Geist dich heute neu erinnern:

„Du bist geliebt – durch Jesus. Und du darfst lieben – in seinem Namen."

____

____

____

____

____

____

____

____

Tag 2 – Lebendiges Wasser fließt von Jesus

Johannes 7,38:
„Wer an mich glaubt, wie die Schrift gesagt hat, aus dessen Leib werden Ströme lebendigen Wassers fließen."

🌀 **Frage:**
Welche Quelle nährt dich gerade?
Und lässt du zu, dass der Geist Jesu dich füllt –
um durch dich **Leben in andere fließen zu lassen?**

Tag 3 – Wahrheit ist keine Idee – sie ist eine Person

Johannes 16,13:
„Wenn aber jener kommt, der Geist der Wahrheit, wird er euch in die ganze Wahrheit leiten."

🌀 **Frage:**
Wo weicht dein Blick von Jesus ab – der sagt:

„Ich bin der Weg, die Wahrheit und das Leben" (Joh 14,6)? Bittest du den Geist, dich **tiefer zu Jesus zu führen**, auch wenn es unbequem ist?

Tag 4 – In der Schwachheit Jesus erkennen

Römer 8,26:
„...der Geist selbst verwendet sich für uns in unaussprechlichen Seufzern."

🌀 **Frage:**
Wo versuchst du, stark zu sein – statt dich **in Jesus zu bergen**?
Der Geist seufzt mit dir – aber er führt dich **unter das Kreuz**.

Tag 5 – Die Frucht gehört dem König

Galater 5,22–23:
„Die Frucht des Geistes aber ist: Liebe, Freude, Friede…"

🌀 **Frage:**
Wächst in deinem Leben Frucht, die **Jesus verherrlicht**?
Welche Frucht wünscht du dir nicht nur für dich –
sondern für **sein Reich**?

Segensvers zum Abschluss

Mit dem Heiligen Geist durch die ganze Bibel

Der Geist,
der über den Wassern schwebte,
begegne dir in deiner Tiefe.
(1. Mose 1,2)

Der Geist,
der Leben hauchte in den Staub,
fülle dich mit Atem, wenn du leer bist.
(1. Mose 2,7)

Der Geist,
der Propheten berief und Königshände salbte,
rüste dich aus mit Kraft und Gnade.
(1. Samuel 16,13)

Der Geist,
der über Maria kam,
zeuge auch in dir neues Leben.
(Lukas 1,35)

Der Geist,
der wie eine Taube auf Jesus ruhte,
ruhe auch auf dir – in Frieden und Klarheit.
(Matthäus 3,16)

Der Geist,
der Jesus in die Wüste führte

und ihn durch den Tod zum Leben trug,
sei bei dir in Prüfung und Auferstehung.
(Lukas 4,1 • Römer 8,11)

Der Geist,
der wie Feuer kam zu Pfingsten,
brenne in dir – sanft und heilig.
(Apostelgeschichte 2,3)

Der Geist,
der Worte formt, wenn du keine hast,
bete in dir mit unaussprechlichem Seufzen.
(Römer 8,26)

Der Geist,
der uns Jesus zeigt – nicht als Idee,
sondern als König, Erlöser und Retter –
halte deinen Blick auf Ihn gerichtet.
(Johannes 16,14)

Und der Geist,
der mit der Braut ruft: „Komm, Herr Jesus!“
bereite dich vor auf das, was noch kommen wird.
(Offenbarung 22,17)

So geh – im Namen des Vaters,
der dich liebt.

Des Sohnes,
der dich erlöst.

Und des Heiligen Geistes,
der in dir lebt.

Jetzt. Und für immer.

Amen.